DEVIR Livraria e Dynamite Entertainment apresentam

Garth Ennis — Darick Robertson

The BOYS™

volume quatro: HORA DE PARTIR

DOSSIÊ

Roteiro:
GARTH ENNIS

Arte:
DARICK ROBERTSON & JOHN HIGGINS

Cores:
TONY AVIÑA

Capa:
ROBERTSON & AVIÑA

The Boys criado por:
ENNIS & ROBERTSON

DEVIR
Rua Basílio da Cunha, 727
CEP: 01544-001 – São Paulo – SP
Fone:(11) 2602-7200
Site: www.devir.com.br

PAULO ROBERTO SILVA JR.
GERENTE EDITORIAL

KLEBER RICARDO DE SOUSA
COORDENADOR EDITORIAL

MARCELO SALOMÃO
EDITOR DE ARTE

MARQUITO MAIA
TRADUTOR

ATENDIMENTO
Assessoria de Imprensa:
imprensa@devir.com.br
SAC: sac@devir.com.br

Este livro reúne as edições #s 23 a 30 de The BOYS publicadas originalmente pela Dynamite Entertainment.

2ª Edição (reimpressão): fevereiro de 2021

Produção externa:
LEANDRO LUIGI DEL MANTO
EDITOR e LETRISTA

Dynamite ENTERTAINMENT

THE BOYS™: HORA DE PARTIR. Copyright © 2009, 2019 e 2021 Spitfire Productions Ltd. e Darick Robertson. Todos os direitos reservados. THE BOYS e todos os personagens apresentados nesta edição são marcas registradas de Spitfire Productions, Ltd. e Darick Robertson. DYNAMITE, DYNAMITE ENTERTAINMENT e seu logo são ® & © 2021 DFI. Publicado nos EUA pela Dynamite Entertainment. 155 Ninth Ave. Suite B, Runnemede, NJ 08078. Contém material originalmente publicado em The Boys™ #23 a 30. É proibida a reprodução total ou parcial do conteúdo desta obra, por quaisquer meios existentes ou que venham a ser criados no futuro, sem a autorização prévia por escrito dos editores, exceto para fins de divulgação. Se você ousar copiar esta edição (ou parte dela) sem autorização, pode ter certeza de que terá todas as suas costelas quebradas. Assim, toda vez que você respirar, irá se lembrar de que deveria ter lido essas letrinhas miúdas. Então, não banque o espertinho, ok? Os nomes, personagens, lugares e incidentes apresentados nesta publicação são inteiramente fictícios. Qualquer semelhança com pessoas reais (vivas, mortas ou semimortas), eventos, instituições ou locais, exceto para fins satíricos, é coincidência. Todos os direitos para a língua portuguesa reservados à DEVIR Livraria Ltda.

Dados Internacionais de Catalogação na Publicação (CIP)
(Câmara Brasileira do Livro, SP, Brasil)

Ennis, Garth
  The boys : volume quatro : hora de partir / [roteiro] Garth Ennis ; [arte] Darick Robertson & John Higgins ; [tradução e revisão Marquito Maia]. -- 2a. ed. -- São Paulo : Devir, 2019.
  Título original: The BOYS: The boys: we gotta go now.
  ISBN: 978-85-7532-736-4

  1. Histórias em quadrinhos I. Robertson, Darick. II. Higgins, John. III. Título.

19-23965   CDD-741.5

Índices para catálogo sistemático:
  1. Histórias em quadrinhos   741.5
Iolanda Rodrigues Biode - Bibliotecária - CRB-8/10014

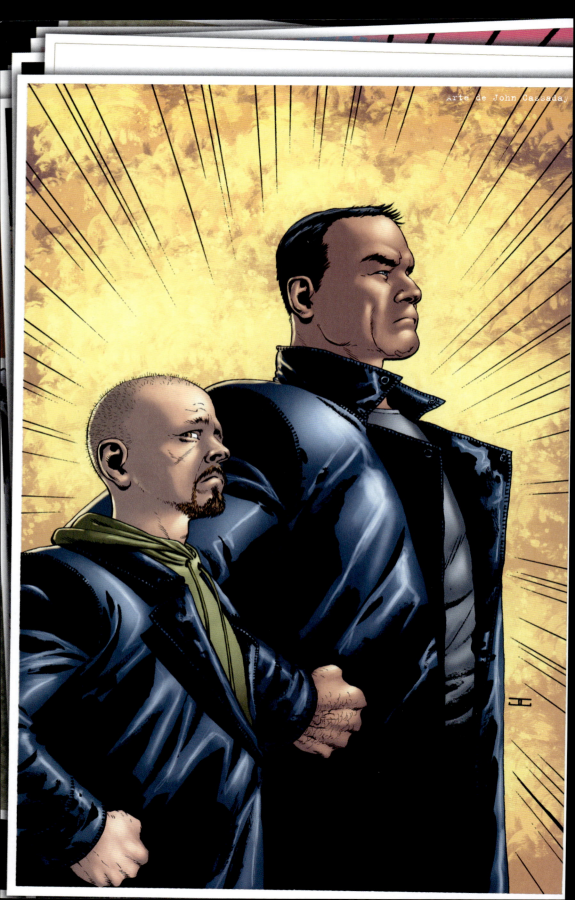

G-MEN
Fevereiro ?

John Godo

G-ME

MEGANHA

SILVER KINCAID

NÚBIA (?)

G-FORCE

FRIAGEM

EUROPO

AZARENTA

FOGUEIRA

PALETE

G-MIL

MONSTRO O DIVINO

G-ESTILO

LEGRE REI ELMO REPTILIANO SELVAGEM PARADA

VINTE E QUATRO

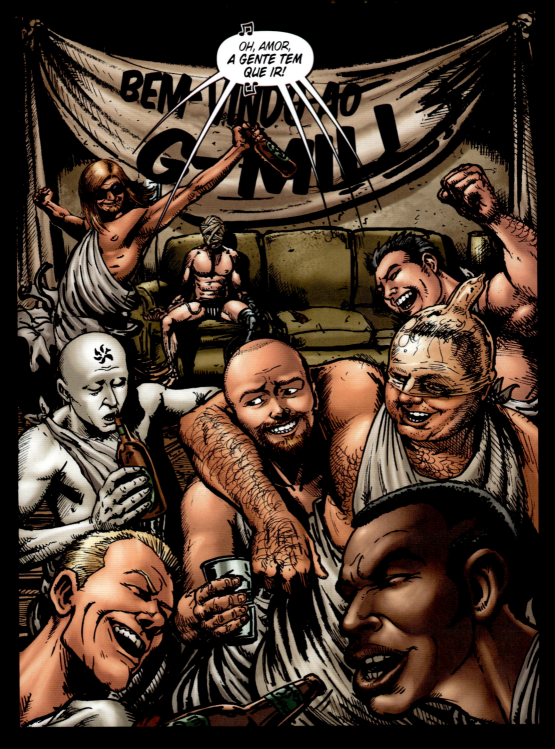

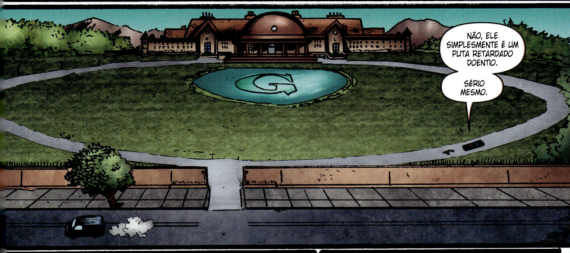

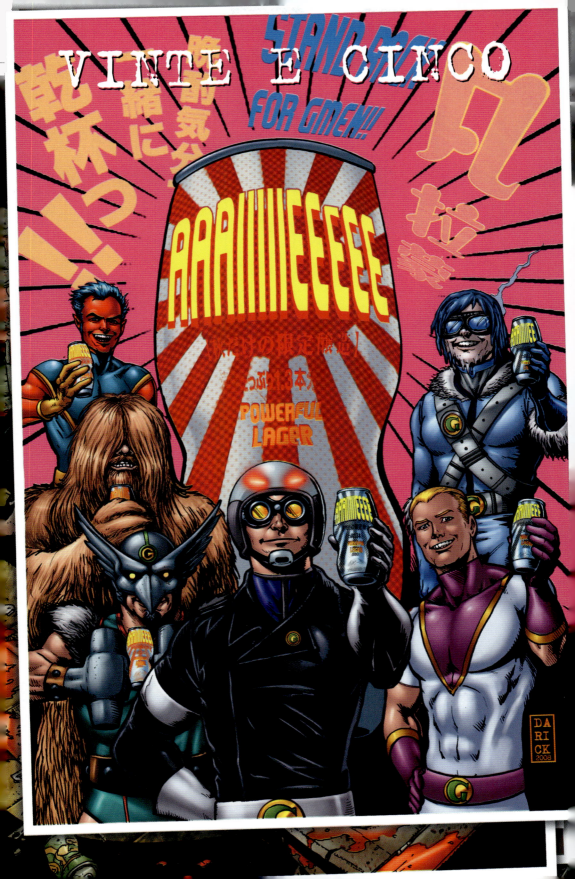

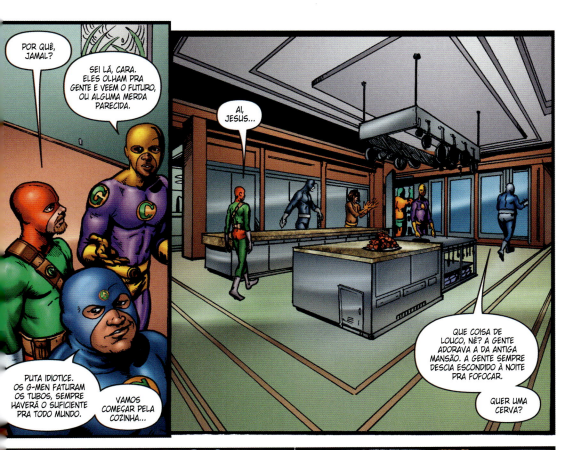

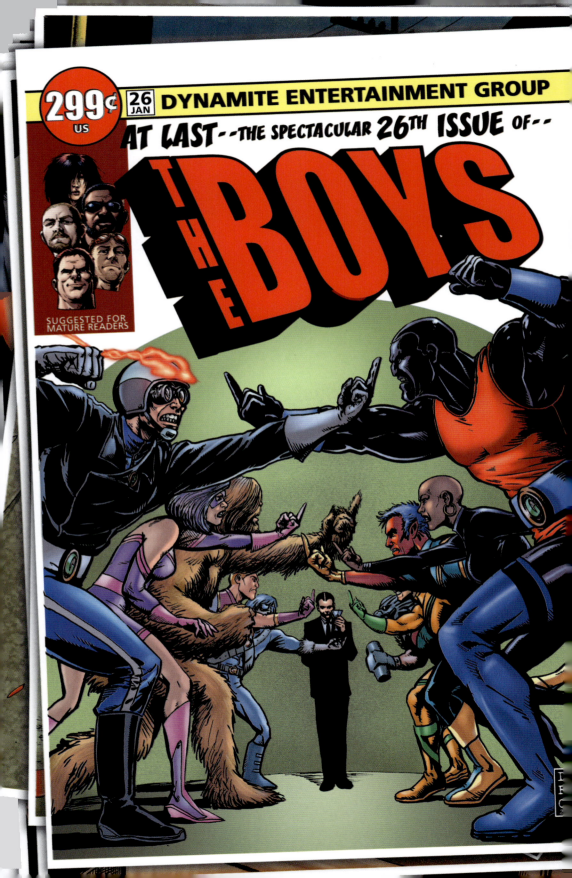

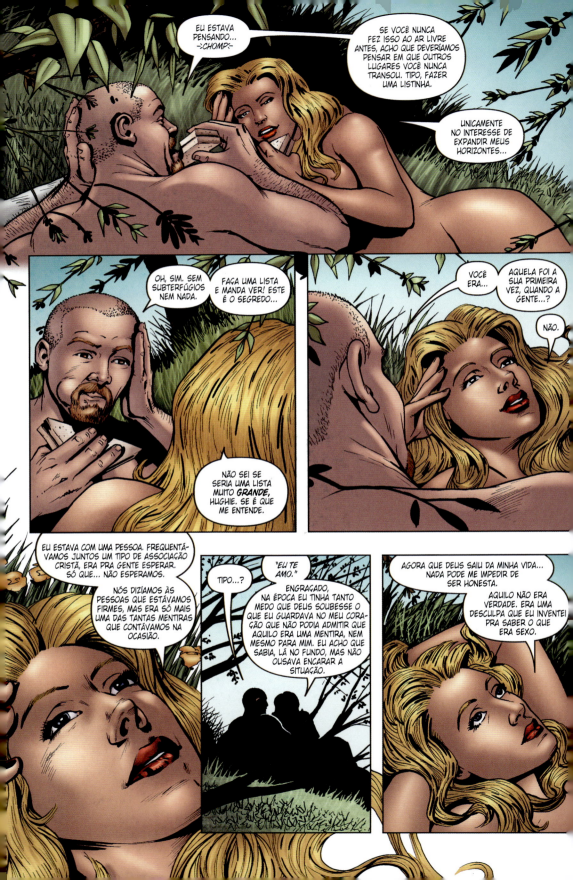

arte de Steve Dillon

Arte de Dave Gibbons

VINTE E NOVE

Arte de David Lloyd

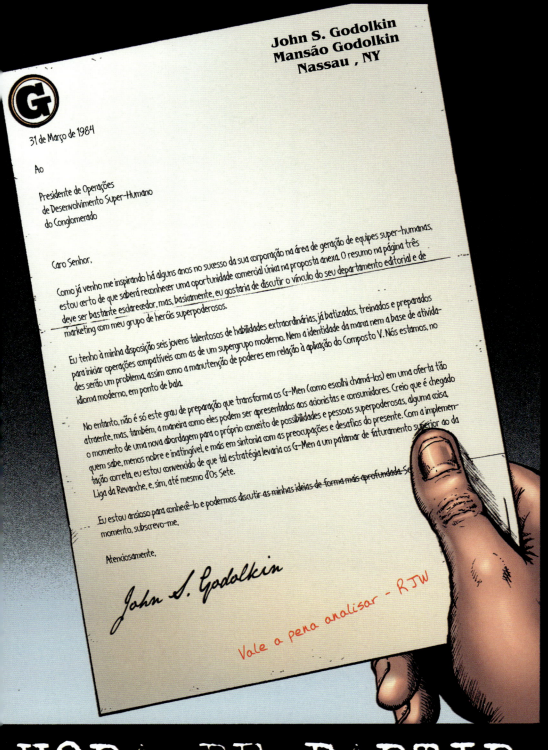

HORA DE PARTIR
CONCLUSÃO

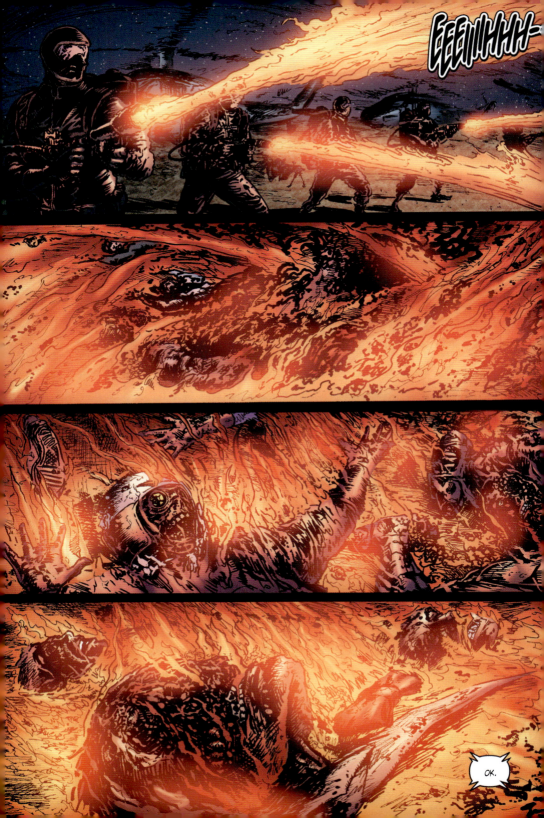

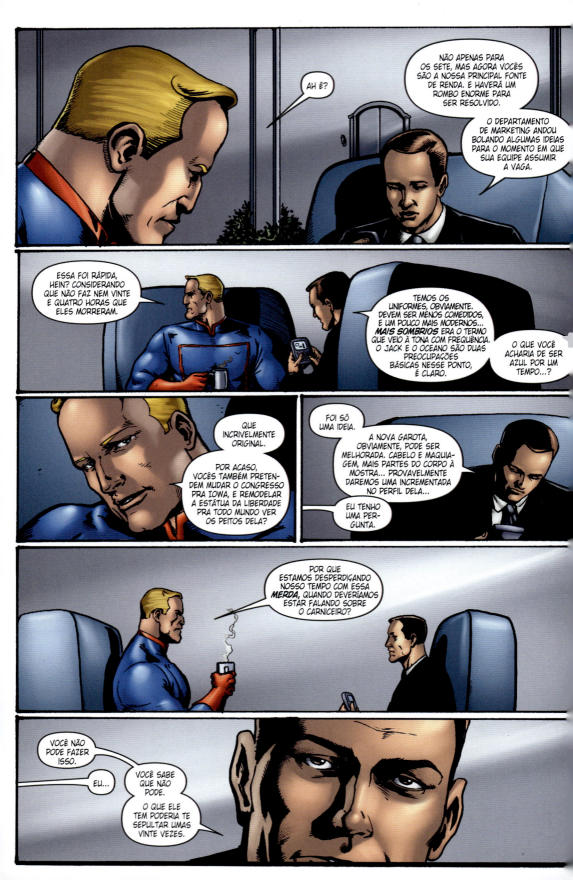

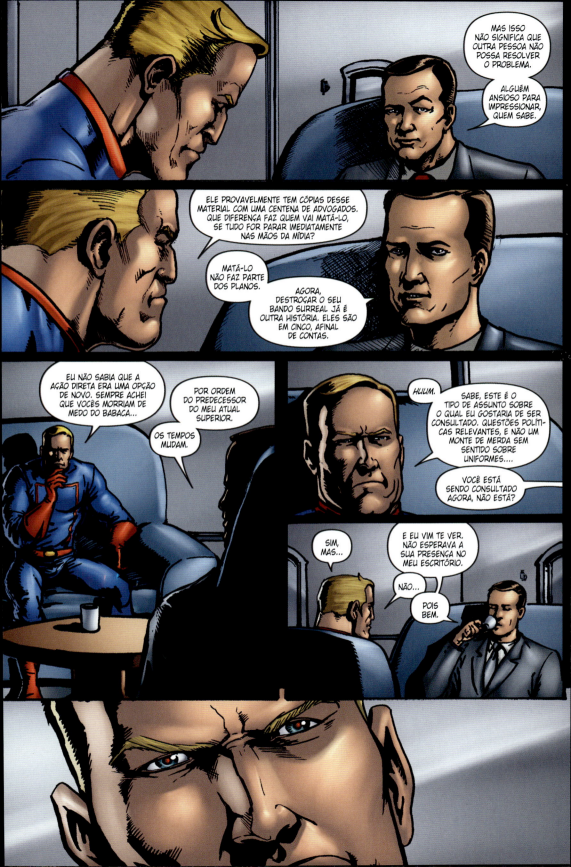

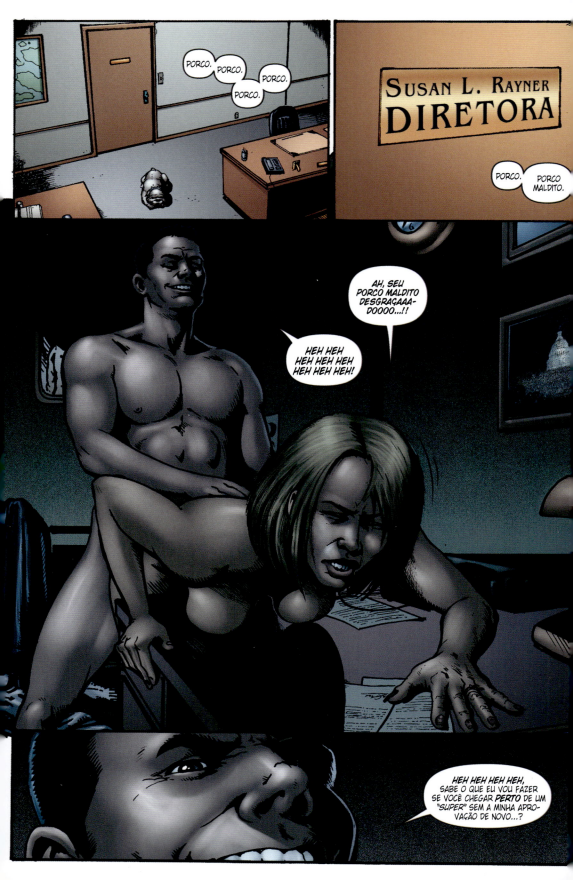

GALERIA DE PIN-UPS

GALERIA DE PIN-UPS

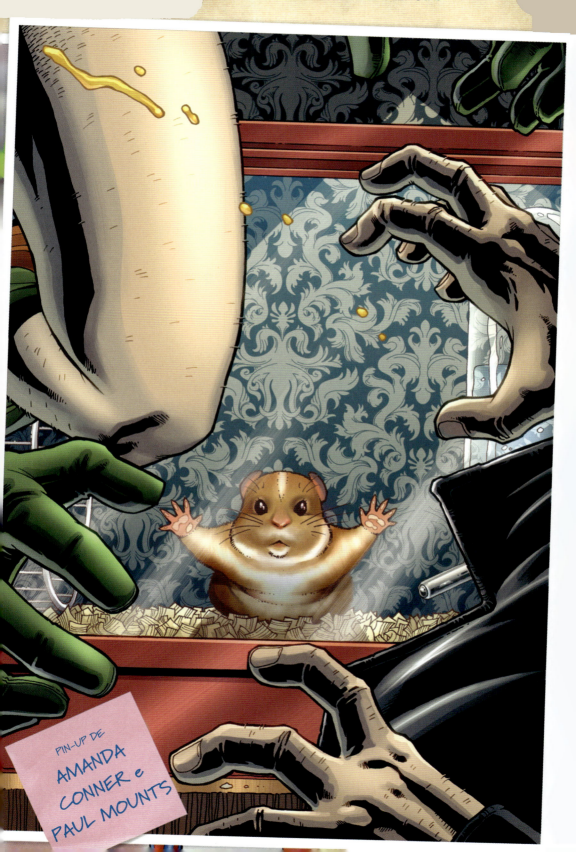

PIN-UP DE AMANDA CONNER e PAUL MOUNTS

GALERIA DE PIN-UPS

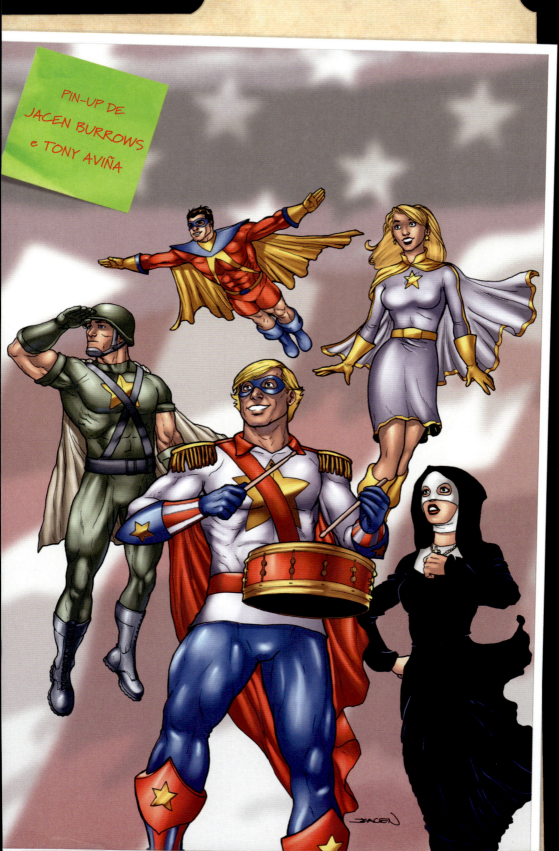